Edith Thabet / Franz Moser

Lieder für den Sachunterricht

Illustrationen: Alena Schulz

VERITAS
www.veritas.at

Die deutsche Bibliothek – CIP-Einheitsaufnahme
Lieder für den Sachunterricht [Medienkombination] : singen, basteln, raten, tüfteln für Kinder von
5 bis 10 Jahren / Franz Moser/Edith Thabet. - Linz : Veritas
Buch. . - 2001
 ISBN 3-7058-5540-9
CD. . - 2001
 ISBN 3-7058-5631-6

© VERITAS-VERLAG, Linz
Alle Rechte vorbehalten, insbesondere das Recht der Verbreitung (auch durch Film, Fernsehen,
Internet, fotomechanische Wiedergabe, Bild-, Ton- und Datenträger jeder Art) oder der auszugs-
weise Nachdruck
2. Auflage (2003)
Gedruckt in Österreich auf umweltfreundlich hergestelltem Papier
Lektorat: Andreas Schneider, Lenzing
Herstellung und Umschlaggestaltung: Ingrid Zuckerstätter, Wilhering
Satz: dtp Veritas
Illustrationen: Alena Schulz, Tribuswinkel
Notensatz: Josef Novotny, Wien
Druck, Bindung: Friedrich VDV, Linz

ISBN 3-7058-5540-9

INHALTSVERZEICHNIS

Lied	Seite	Track-Nr. CD
Meine Neugier macht mich schlau	4	1/2
Wasser ist ganz unentbehrlich	6	3/4
Miteinander	8	5/6
Ich hab Zeit!	10	7/8
Wer machts wie?	12	9/10
Was raschelt da im Garten?	14	11/12
Rasselprassel-Regenspaß	16	13/14
Was ist auf der Wiese los?	18	15/16
Ein Postpaket	20	17/18
Traumhaus	22	19/20
Mein Körper ist was Tolles!	24	21/22
Der Landwirt	27	23/24
Am Bauernhof	30	25/26
Umwelt-Lied	32	27/28
Es war einmal ein Schneemann	34	29/30
Der Müllmann kommt	36	31/32
Wenn die Feuerwehr nicht wär	38	33/34
Lied einer Blume	40	35/36
Ritter Grauslibert	42	37/38
Schmetterling und Tausendfüßler	44	39/40
Stups, das Hasenkind	46	41/42
Surf mit mir im Internet	48	43/44
Flieg, Luftballon, flieg!	50	45/46
Ich bin ein Magnet	52	47/48
Alphabetisches Verzeichnis der Lieder und Liedanfänge	55	

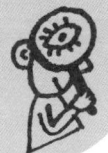

Meine Neugier macht mich schlau

Text: Edith Thabet / Musik: Franz Moser

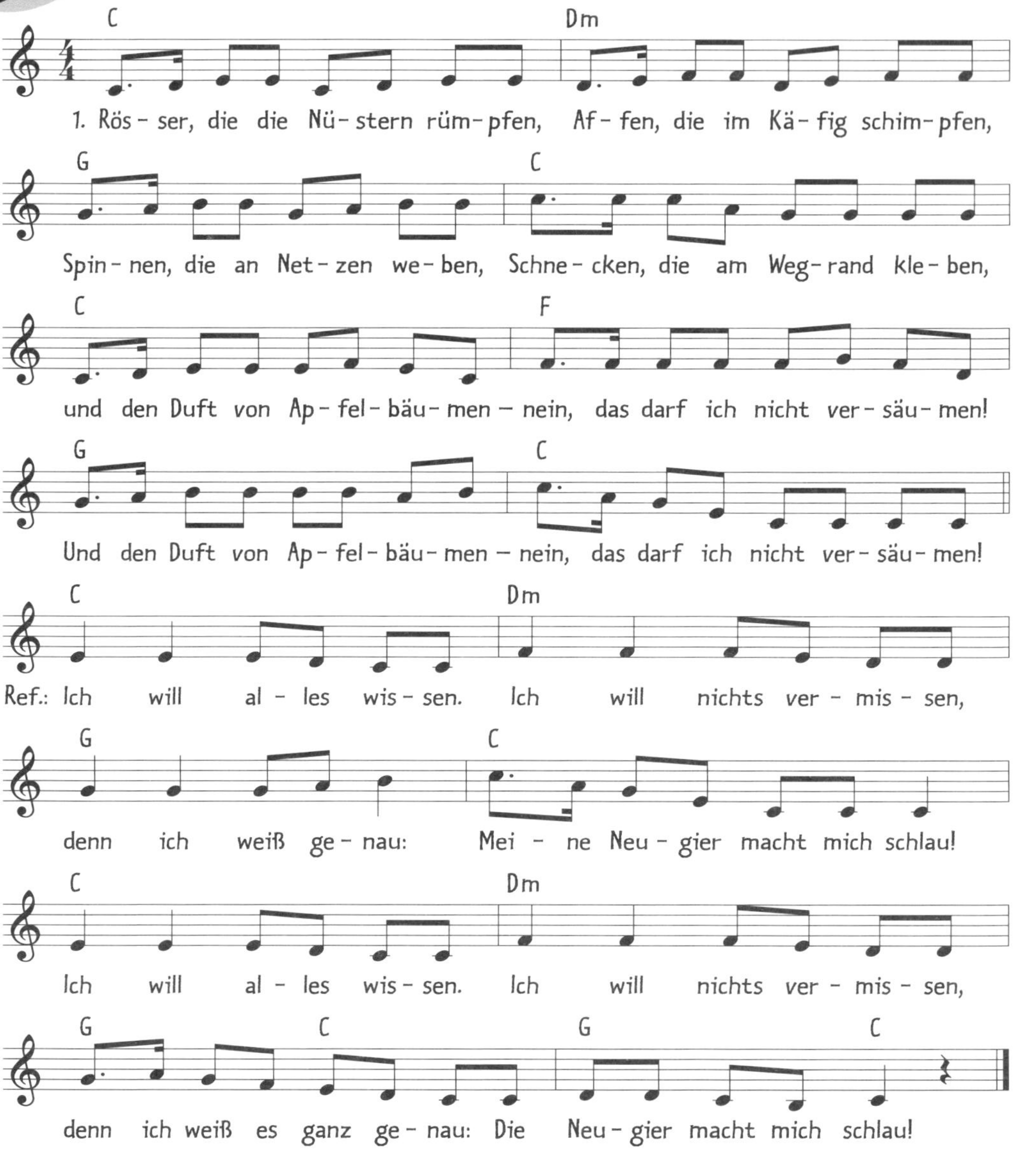
C Dm
1. Rös- ser, die die Nü- stern rüm- pfen, Af- fen, die im Kä- fig schim- pfen,
G C
Spin- nen, die an Net- zen we- ben, Schne- cken, die am Weg- rand kle- ben,
C F
und den Duft von Ap- fel- bäu- men – nein, das darf ich nicht ver- säu- men!
G C
Und den Duft von Ap- fel- bäu- men – nein, das darf ich nicht ver- säu- men!
C Dm
Ref.: Ich will al - les wis - sen. Ich will nichts ver - mis - sen,
G C
denn ich weiß ge - nau: Mei - ne Neu - gier macht mich schlau!
C Dm
Ich will al - les wis - sen. Ich will nichts ver - mis - sen,
G C G C
denn ich weiß es ganz ge - nau: Die Neu - gier macht mich schlau!

2. Flieger, die am Himmel düsen,
Bäche, die zum Meer hin fließen,
Blitze, die aus Wolken zucken,
Berge, die auch Feuer spucken,
||: Mühlen, die im Wind sich drehen,
die lass ich mir nicht entgehen. :||

Ref.: Ich will alles ...

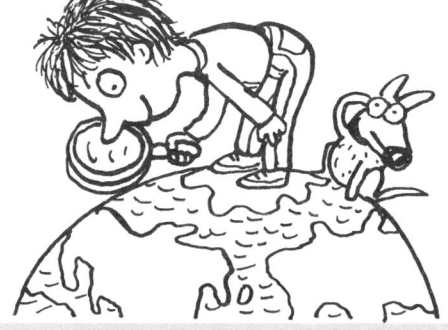

FORSCHER – ERFINDER – ENTDECKER

- ☺ Ausgrabungen und alte Schriften verraten uns, wie die Menschen früher gelebt haben.
- ☺ Leonardo da Vinci war nicht nur als Maler ein Genie, sondern auch als Naturforscher. Er studierte den Flug der Vögel und entwarf vor rund 500 Jahren Flugmaschinen, die tatsächlich funktioniert hätten – wenn die Technik damals schon weiter entwickelt gewesen wäre!
- ☺ Zur selben Zeit entdeckte Christoph Kolumbus Amerika.
- ☺ Siegfried Marcus, ein Mechaniker aus Wien, konstruierte 1874 einen „Benzinwagen". Das war der Vorläufer unseres Autos.
- ☺ Sir Alexander Fleming entdeckte 1928 das Penicillin und hat damit unzähligen Menschen das Leben gerettet.
- ☺ 1969 ging Neil Armstrong als erster Mensch auf dem Mond spazieren.

Die seltsame Papyrusrolle

Professor Maulwurf freute sich sehr, als er bei seinen Forschungen auf eine altägyptische Papyrusrolle stieß. Doch als er sich das Bild genauer ansah, bemerkte er, dass es sich um eine plumpe Fälschung handelte.

Woran hat er das erkannt?

Wasser ist ganz unentbehrlich

Text: Edith Thabet / Musik: Franz Moser

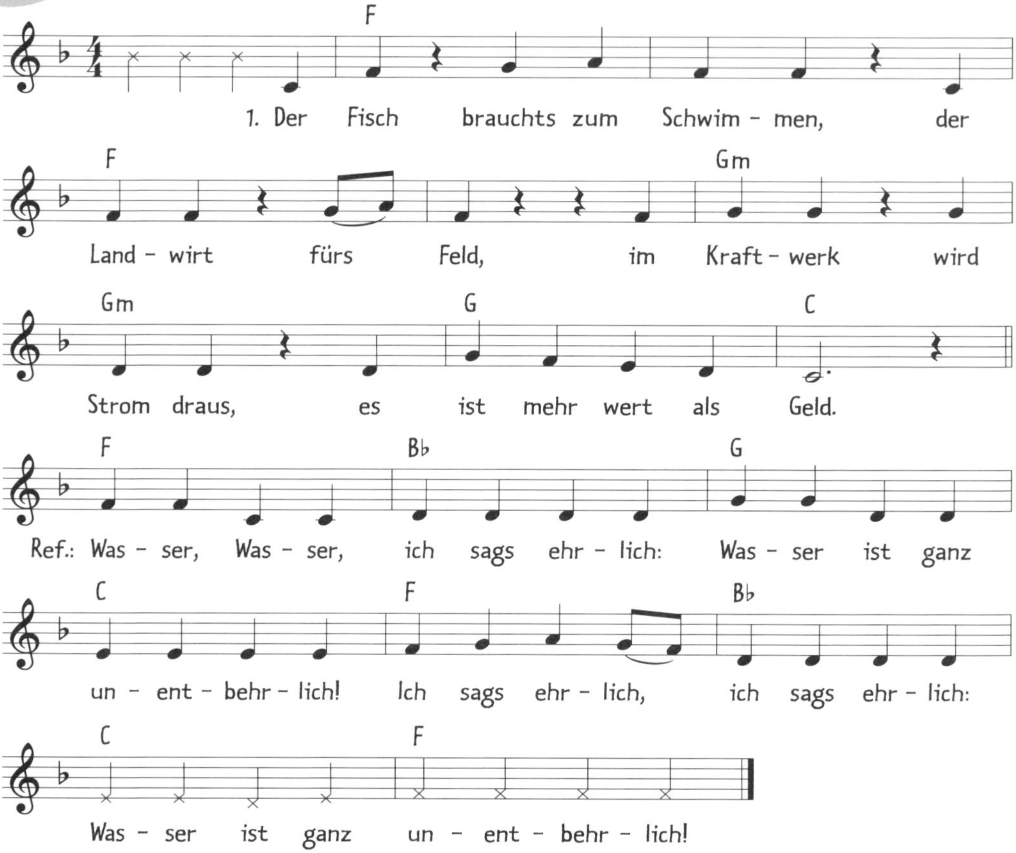

1. Der Fisch brauchts zum Schwimmen, der Landwirt fürs Feld, im Kraftwerk wird Strom draus, es ist mehr wert als Geld.

Ref.: Wasser, Wasser, ich sags ehrlich: Wasser ist ganz unentbehrlich! Ich sags ehrlich, ich sags ehrlich: Wasser ist ganz unentbehrlich!

2. Es löscht jedes Feuer,
den Durst auch dazu.
Und Schmutzfinken wäscht es
blitzblank bestimmt im Nu.
Ref.: Wasser, Wasser ...

3. Das Obst lässt es reifen,
ergrünen das Gras.
Als Eis schmeckt es super,
als Schnee, da macht es Spaß.
Ref.: Wasser, Wasser ...

WASSER

- ... kann flüssig, fest oder gasförmig sein (z. B. Regen – Eis – Dampf).
- ... ist immer in Bewegung: Regen oder Schnee versickert im Boden; gelangt von dort in Flüsse, Seen und Meere; verdampft durch die Sonnenwärme; steigt als Dunst auf; bildet Regenwolken ... und schon beginnt der Kreislauf von vorne!
- Die Gesamtmenge des Wassers auf der Erde bleibt immer gleich!

Wunderblume

Du brauchst: 1 Stück Butterbrotpapier, ca. 10 x 10 cm
1 Stück Naturpapier, ca. 10 x 10 cm
1 Schale mit Wasser
Bleistift, Schere

Pause die Blume mit Butterbrotpapier ab, schneide sie aus und übertrage sie auf das Naturpapier. Schneide die Blume aus dem Naturpapier aus, biege die Blumenblätter nach oben und setze deine Blume ins Wasser.

Was passiert?

Lösung: Die Papierfasern saugen Wasser auf, das Papier wird weich. Dadurch biegen sich die Blütenblätter nach unten.

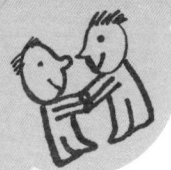

Miteinander

Text: Edith Thabet / Musik: Franz Moser

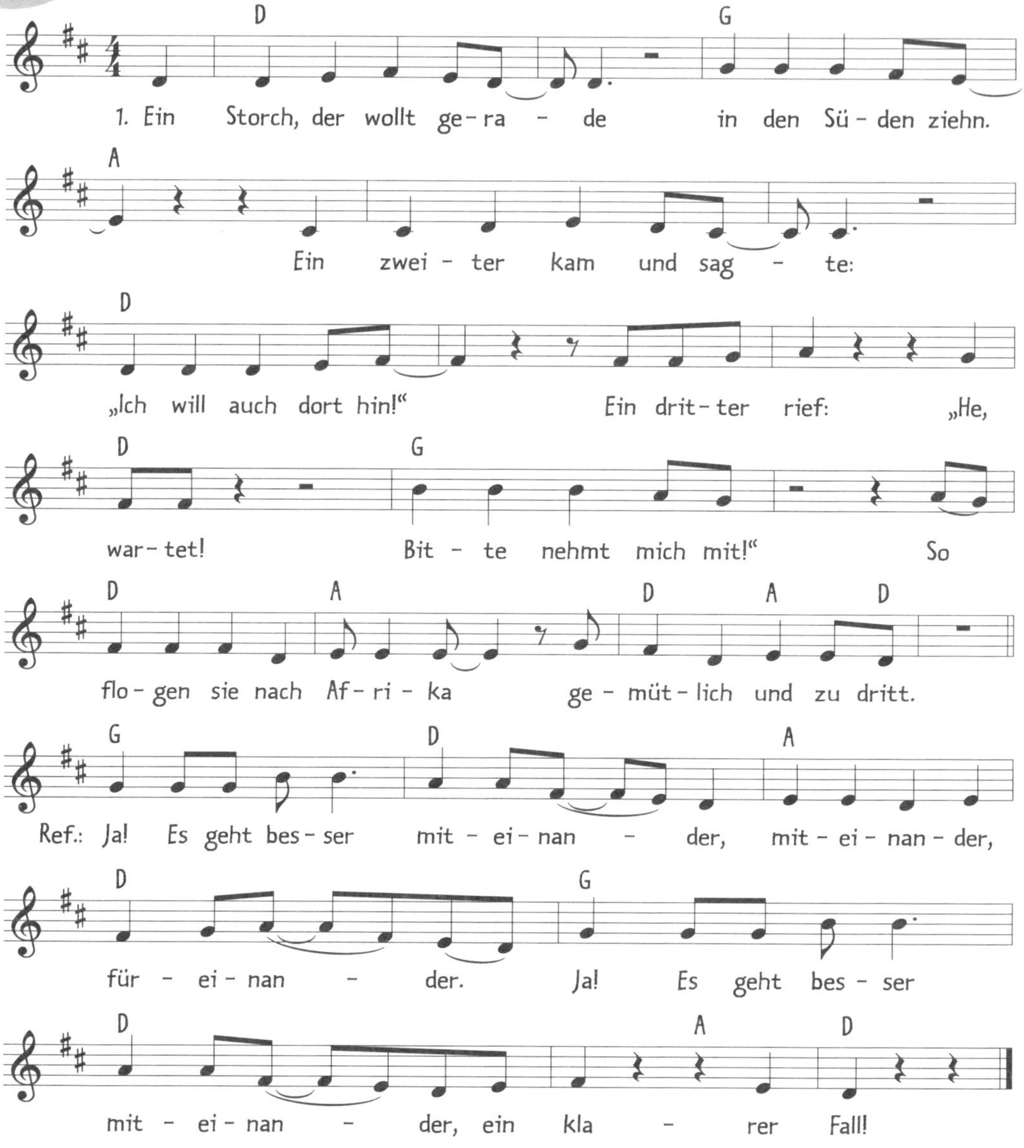
D G
1. Ein Storch, der wollt ge - ra - de in den Sü - den ziehn.
A
Ein zwei - ter kam und sag - te:
D
„Ich will auch dort hin!“ Ein drit - ter rief: „He,
D G
war - tet! Bit - te nehmt mich mit!“ So
D A D A D
flo - gen sie nach Af - ri - ka ge - müt - lich und zu dritt.
G D A
Ref.: Ja! Es geht bes - ser mit - ei - nan - der, mit - ei - nan - der,
D G
für - ei - nan - der. Ja! Es geht bes - ser
D A D
mit - ei - nan - der, ein kla - rer Fall!

2. Ein Braunbär hatt' beim Fischfang leider gar kein Glück.
Er trottete am Abend in den Wald zurück.
Ein zweiter Bär kam brummend, bot ihm Hilfe an,
weil man zu zweit bekanntlich viel, viel mehr erreichen kann.

Ref: Ja! Es geht besser ...

MITEINANDER – FÜREINANDER IM TIERREICH

- Bei den Elefanten nimmt die Herde die Jungtiere in ihre Mitte und bildet so eine schützende Mauer gegen Angreifer.
- Affen klauben sich gegenseitig die Läuse aus dem Fell.
- Wird ein Seehund von einem Hai verletzt, eilen andere Seehunde herbei und lecken seine Wunden.
- Der Regenpfeifer, ein Sumpfvogel, holt dem Krokodil Speisereste aus dem Maul. Der Lohn für seine Tätigkeit als „Zahnstocher": Das Krokodil lässt ihn am Leben, obwohl Vögel zu seinen Lieblingsspeisen zählen.

Weck den Löwen!

Zeichne das Löwengesicht laut Skizze auf ein Stück Karton (ca. 30 x 30 cm).

Der Löwe schläft gerade – die Augenlider sind geschlossen.
Leg das Löwengesicht auf den Boden und versuche mit zwei kleinen Steinen oder Knöpfen aus zwei großen Schritten Entfernung in die Kreise der Augenlider zu treffen.
Gelingt es, bleibt der Stein bzw. der Knopf als Pupille liegen. Nach dem ersten gelungenem Wurf blinzelt der Löwe, nach dem zweiten ist er wach!

Du kannst dieses Spiel alleine oder gemeinsam mit deinen Freunden spielen.
Wenn du allein spielst: Schau auf die Uhr und ermittle deine Bestzeit!
Wenn du mit Freunden spielst: Für jeden gelungenen Wurf gibt es einen Punkt. Wer hat nach drei oder fünf Runden (vorher vereinbaren!) die meisten Punkte?
Wie macht es mehr Spaß?

Ich hab Zeit!

Text: Edith Thabet / Musik: Franz Moser

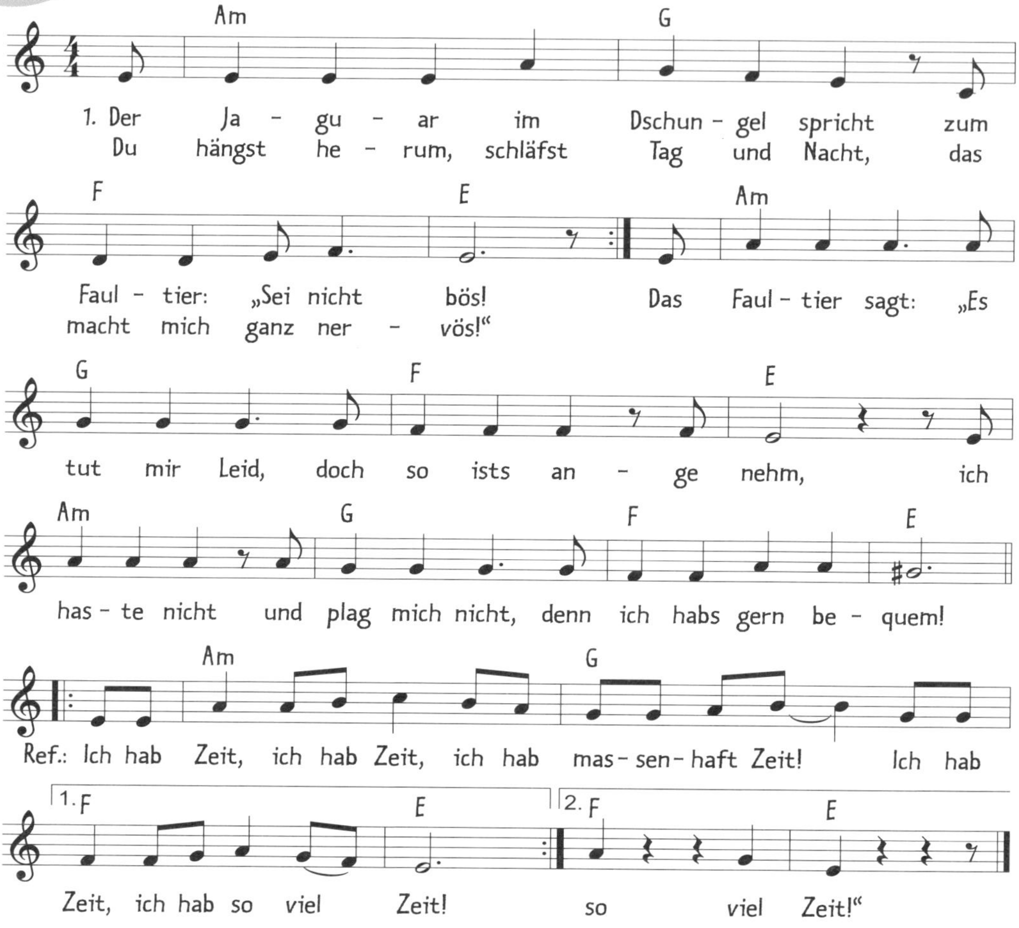

1. Der Jaguar im Dschungel spricht zum Faultier: „Sei nicht bös!
Du hängst herum, schläfst Tag und Nacht, das macht mich ganz nervös!"
Das Faultier sagt: „Es tut mir Leid, doch so ists angenehm,
ich haste nicht und plag mich nicht, denn ich habs gern bequem!

Ref.: Ich hab Zeit, ich hab Zeit, ich hab massenhaft Zeit! Ich hab Zeit, ich hab so viel Zeit! so viel Zeit!"

2) „Wie kann man nur so langsam sein?",
piepst eine kleine Maus.
Die Weinbergschnecke guckt erstaunt
aus ihrem Haus heraus.

„Ich laufe nicht", erklärt sie dann,
„denn ich versäum nicht viel.
Auch wenn ich nicht die Schnellste bin,
so komm ich doch ans Ziel!

Ref: Ich hab Zeit ..."

ZEIT

- Früher drehte sich die Erde schneller als heute. Vor 600 Millionen Jahren dauerte ein Jahr mindestens 425 Tage (jetzt: 365).
- Das Licht bewegt sich sehr schnell: Über 300000 Kilometer in der Sekunde – das sind 7-mal so viele Kilometer wie der Erdumfang hat!
- Trotzdem braucht das Licht der Sonne acht Minuten bis zu uns!
- Das Licht des übernächsten Sterns benötigt sogar 4 1/2 Jahre!
- Schon vor rund 6000 Jahren teilten die Babylonier (sie lebten im heutigen Irak) das Jahr in 12 Monate und die Woche in 7 Tage ein.
- Jahrtausende hindurch maßen die Menschen die Zeit mit Wasser-, Sonnen- und Sanduhren. Die ersten mechanischen Uhren mit Rädern gab es vor 700 und die erste Taschenuhr vor 500 Jahren.

Uhr aus Pappteller

Du brauchst:
1 weißen Pappteller
bunte Filzstifte, Bleistift
1 Stück dünnen Karton für die Zeiger
1 Splint, Schere, Butterbrotpapier

- Pause diese beiden Zeiger auf Butterbrotpapier durch, schneide sie aus und übertrage sie auf einen dünnen Karton. Schneide die Zeiger nun aus dem Karton aus.
- Male mit Filzstift die Ziffern von 1 bis 12 auf und male auf den Teller ein Tiergesicht, eine Blume oder ein Fantasiemuster.
- Bemale die Zeiger in deiner Lieblingsfarbe, bohre mit dem Bleistift vorsichtig ein Loch in die Mitte des Tellers und in die Zeiger.
- Befestige die Zeiger mit dem Splint und biege ihn auf der Rückseite auseinander. Achte dabei darauf, dass die Zeiger nicht zu locker und nicht zu fest sind.

WER MACHTS WIE?

Text: Edith Thabet / Musik: Franz Moser

1. Der Schus-ter, der macht Schuh. Wie macht er das, wie macht er das? Geh

hin und schau ihm zu! Der Schus-ter, der macht Schuh.
Ref.: So machts der Schus-ter, Schus-ter, Schus-ter,

so machts der Schus-ter, der Schus-ter, der machts so!

2) Der Bäcker, der macht Brot.
   Wie macht er das, wie macht er das?
   Aus feinem Mehl und Schrot!
   So machts der Bäcker: ...
   (Zeige es mit Handbewegungen!)

3) Der Maurer baut ein Haus.
   Wie macht er das, wie macht er das?
   Schau zu, er kennt sich aus!
   So machts der Maurer: ...
   (Zeige es mit Handbewegungen!)

Folgende Handbewegungen könntest du bei den Strophen ausführen:
Schuster: Zeige, wie der Schuster das Leder mit der Schere zuschneidet.
Bäcker: Zeige, wie der Bäcker den Teig knetet.
Maurer: Zeige, wie der Maurer einen Ziegelstein vom Boden aufhebt.

Erfinde noch mehr Strophen zu anderen Berufen wie Tischler, Schneider, Koch, Maler, Lehrer, Arzt, Gärtner, Kellner ...!

BERUFE

- In der Steinzeit stellten die Menschen alles selbst her, was sie brauchten.
- Später machten alle das, was sie am besten konnten: Kleidung, Töpfe, Werkzeuge, Pfeile ... So entstanden die verschiedenen Berufe.
- Im Mittelalter hingen Schilder bei den Türen der Geschäfte. Sie verrieten, was in diesem Haus erzeugt wurde. Beim Schlosser war auf so einem Hauszeichen zum Beispiel ein Schlüssel, beim Schuster ein Schuh abgebildet.
- Nach der Lehrzeit begaben sich die Handwerkergesellen auf Wanderschaft, um ihre Künste noch zu verbessern.
- Heute werden viele Waren am Fließband in Fabriken erzeugt und in die ganze Welt versandt. Manche Berufe, die es früher gab, sind ausgestorben, dafür sind neue entstanden (Computer!).

 **Malen und zeichnen:**

Zeichne in dieses Schild ein mittelalterlicher Hauszeichen!

Was raschelt da im Garten?

Text: Edith Thabet / Musik: Franz Moser

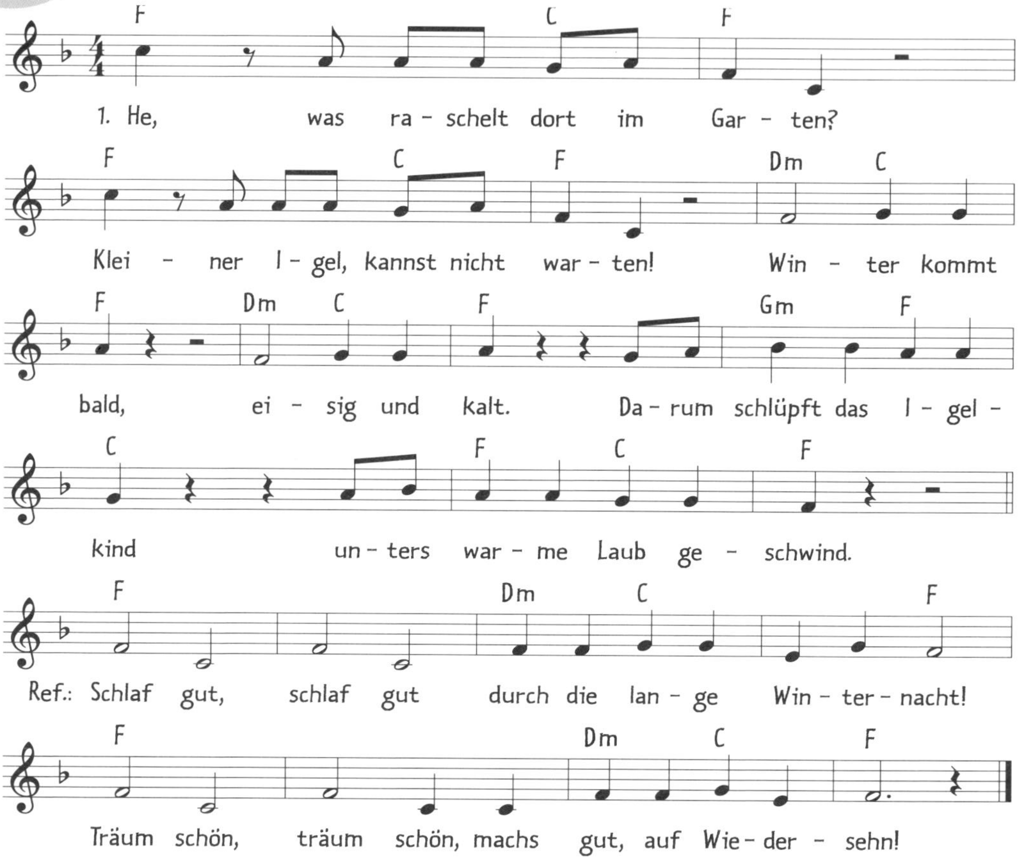

1. He, was ra-schelt dort im Gar-ten?
Klei-ner I-gel, kannst nicht war-ten! Win-ter kommt bald, ei-sig und kalt. Da-rum schlüpft das I-gel-kind un-ters war-me Laub ge-schwind.

Ref.: Schlaf gut, schlaf gut durch die lan-ge Win-ter-nacht!
Träum schön, träum schön, machs gut, auf Wie-der-sehn!

2) He, was raschelt da im Garten?
Igelkind kanns nicht erwarten.
Frühjahr kommt bald,
ist nicht mehr kalt.
Es freut sich das Igelkind,
macht die Augen auf geschwind!

Ref: Komm raus, komm raus!
Sonne lacht auf uns herab.
Aufstehn, aufstehn,
jetzt gibts ein Wiedersehn!

WINTERSCHLAF

☺ Murmeltiere polstern ihren Bau mit Heu aus und verstopfen den Eingang zwei Meter weit mit Erde und Heu. Zu Kugeln zusammengerollt wartet die ganze Familie auf den Frühling.

☺ Ein frei lebender Hamster sammelt bis zu 15 kg Futter (Getreide, Bohnen, Rüben) als Vorrat für den Winter. Er wird nämlich alle drei Tage munter, frisst und schläft wieder weiter.

☺ Während des Winterschlafs sinkt die Temperatur der Tiere sehr stark. Bei den Bären bleibt sie wie immer, daher spricht man bei ihnen nicht von Winterschlaf, sondern von Winterruhe. Die Bären zehren vom Speck, den sie sich vorher angefuttert haben.

☺ Ameisen verbringen die kalte Jahreszeit in der Winterstarre, ebenfalls ohne zu fressen.

So bringst du Igelkinder über den Winter

Wenn du im Herbst (Oktober/November) einen kleinen Igel findest, der nur 500 bis 600 Gramm wiegt, braucht er deine Hilfe zum Überleben:

Lass den Igel zuerst von einem Tierarzt untersuchen!

Achtung! Das Füttern und das Sauberhalten des Geheges braucht viel Zeit. Wenn du diese Verantwortung nicht übernehmen willst oder kannst (Urlaubsreise!), gib den Igel besser in ein Tierheim!

Kleide eine hohe Obststeige oder Holzkiste mit Wolltüchern aus und füttere den Igel alle zwei Stunden. (Erkundige dich beim Tierschutzverein, was sich als Futter eignet. Als Erstversorgung kannst du ihm zu jeder Mahlzeit mit einer Pipette etwas Babynahrung geben, die mit Wasser verdünnt wird – aber nicht mehr als 1 Teelöffel voll.)

Wenn er ein Gewicht von 700 Gramm erreicht hat, braucht er nur einmal täglich (abends) 2 bis 3 Esslöffel Futter. Danach darf er eine Viertelstunde – unter deiner Aufsicht! – in der Wohnung spazieren gehen. Aber nicht auf Fliesen, damit er sich nicht erkältet.

Im Mai, wenn kein Nachtfrost mehr droht, heißt es dann Abschied nehmen. Am besten, du bringst ihn dorthin zurück, wo du ihn gefunden hast. Vielleicht findet er ja seine Familie wieder!

Rasselprassel-Regenspaß

Text: Edith Thabet / Musik: Franz Moser

1. In den Bäumen, durch die Gassen
pfeift der Wind – er kanns nicht lassen,
bläst die Wolken vor sich her.
Eine ruft: „Ich kann nicht mehr!"
Ref.: Dann kommt der Rassel-prassel-Regenspaß,
Regen rinnt wie aus dem Fass!
Alles ist klatschnass, ist klatschnass!

2. Wolken drängen, drücken, stoßen,
werden schnell zu riesengroßen.
Blitze zucken, Donner kracht:
Düster wirds wie in der Nacht.
Ref.: Dann kommt der Rasselprassel-Regenspaß:
Regen rinnt wie aus dem Fass!
Alles ist klatschnass, ist klatschnass!

3. Immer schneller, immer schneller
bläst der Wind, dann wird es heller.
Plötzlich ist auf eins, zwei, drei
dieser Spuk auch schon vorbei!
Ref.: Das war der Rasselprassel-Regenspaß:
Regen rinnt wie aus dem Fass!
Alles ist klatschnass, ist klatschnass!

WETTER

- Der Wind verschiebt kalte und warme Luft. Dadurch ändert sich das Wetter.
- So entstehen Wolken: Von Meeren, Flüssen und Seen steigt Dampf auf. Je höher er steigt, desto kühler wird er. Dadurch bilden sich unzählige winzige Wassertröpfchen – das sind die Wolken.
- Wenn die Wassertröpfchen einer Wolke größer und schwerer werden, fallen sie als Regen zur Erde.
- Nebel ist nichts anderes als eine sehr tief stehende Wolke.
- Blitze sind riesige elektrische Funken.
- Donner entsteht, wenn sich die Luft plötzlich sehr schnell ausdehnt.
- Blitz und Donner treten immer gleichzeitig auf. Weil sich aber das Licht viel rascher vorwärts bewegt als der Schall, sehen wir zuerst den Blitz und danach hören wir erst den Donner.
- Zähle langsam die Zeit zwischen Blitz und Donner, teile die Zahl durch drei – und du weißt, wie viele Kilometer das Gewitter entfernt ist!

Regenbogen

Das Licht der Sonne besteht aus mehreren Farben. Wenn es durch Wassertropfen fällt, wird es abgelenkt, das heißt: Es bewegt sich in einer anderen Richtung weiter. Weil aber jede Farbe unterschiedlich stark abgelenkt wird, kann man sie getrennt voneinander sehen. Dieser Versuch zeigt das sehr schön:

Du brauchst: eine Glasschüssel mit Wasser
einen kleinen Taschenspiegel
eine Taschenlampe
ein Blatt Papier

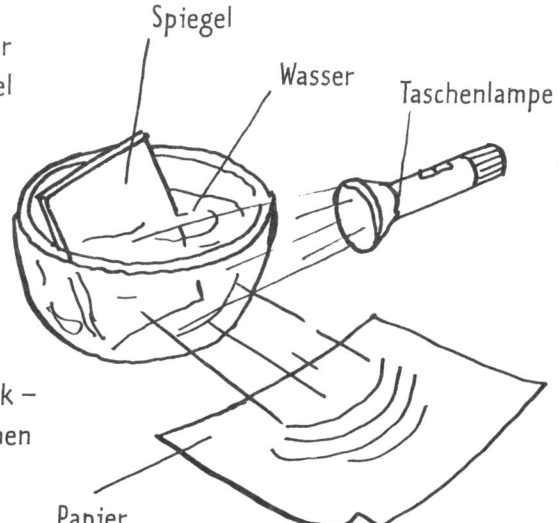

Leuchte mit der Taschenlampe auf den Spiegel. Der Spiegel wirft das Licht zurück – und du kannst auf dem Papier die einzelnen Farben des Regenbogens erkennen!

Was ist auf der Wiese los?

Text: Edith Thabet / Musik: Franz Moser

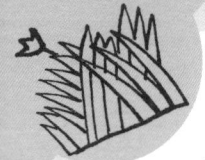

1. Auf der Wiese gibts ein Fest, die Drossel singt in ihrem Nest. Marienkäfer krabbeln munter die Gräser hoch und wieder runter.

Ref.: Was ist bloß auf der Wiese los? Was ist bloß auf der Wiese los? Die Maus verkündets weit und breit: Der Grasfrosch feiert Hochzeit heut!

2. Sonnengelber Löwenzahn
   lockt Schmetterling und Biene an.
   Der Regenwurm tanzt um ein Veilchen,
   die Grille zirpt dazu ein Weilchen.

Ref.: Was ist bloß ...

 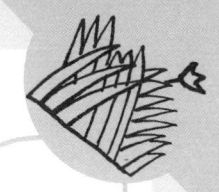

WIESE

- Bienen, Hummeln und andere Insekten werden durch die Farben und Düfte der Pflanzen angelockt.
- Die Gartenhummel hat den längsten Rüssel. Er reicht zwei Zentimeter tief in eine Blüte hinein!
- Regenwürmer atmen mit der Haut. Sie muss immer feucht sein, damit die Regenwürmer den Sauerstoff aufnehmen können.
- Der Grasfrosch kann Fliegen fangen, während er springt.
- Aus Veilchen kannst du einen Hustensirup herstellen: Übergieße eine halbe Tasse Veilchenblüten – solche, die stark duften! – mit 1/4 l kochendem Wasser, gib einen Esslöffel Honig dazu und rühre gut um. Lass den Sirup etwas auskühlen, trinke ihn aber noch warm.
- Marienkäfer fressen Blatt- und Schildläuse und sind deshalb auch in Gärten gern gesehen.
- Die Raupen der Schmetterlinge haben Lieblingsplätze. Beim Tagpfauenauge und beim Kleinen Fuchs sind es Brennnesseln.

Wie aus Löwenzahnstängeln Löwenlocken werden

Brich die Blüten ab und schneide die Stängel auf beiden Seiten ein paar Mal ein:

Wenn du sie nun in eine Schüssel mit Wasser legst, rollen sie sich ein und bilden die verschiedensten Formen von Kringeln.
Es sieht aus, als hättest du einem Löwen die Mähne geschoren!
Lass an den Blüten noch kurze Stängelstücke daran, dann kannst du sie mit Blättern oder Gänseblümchen in eine Vase stellen.

Ein Postpaket

Text: Edith Thabet / Musik: Franz Moser

1. Ich schicke dir ein Postpaket, egal, wo ich auch bin. Aus China kommt ein Bambusstrauch, vom Pol ein Pinguin. Ref.: Ein Postpaket, ein Postpaket schick ich dir jeden Tag. Ein Postpaket, ein Postpaket, weil ich dich gerne mag. Post, Post, Post-paket, Post, Post, Post-paket, Post, Post, Post-paket, Post, Post-paket.

2. Aus der Sahara schick ich Sand,
   ein Lama aus Peru.
   Jetzt rat, woher das nächste kommt,
   mit einem Känguru!
Ref: Ein Postpaket, ein Postpaket…

3. Zum Gruseln gibt es ein Gespenst,
   aus Schottland kommts zu dir.
   Doch wenn du es nicht brauchen kannst,
   dann schenk es einfach mir!
Ref: Ein Postpaket, ein Postpaket …

POST UND TELEFON

- Im antiken Rom und Griechenland wurden wichtige Nachrichten durch Boten überbracht. Der „Marathonlauf" erinnert noch heute an jenen Läufer, der 490 v. Chr. von der Stadt Marathon nach Athen gerannt sein soll, um den Sieg der Athener über die Perser zu melden. Diese Strecke war 42,195 km lang – genau so lang wie die Rennstrecken für Marathonläufe heute noch sind.
- Die Indianer verständigten sich mit Rauchzeichen.
- Philipp Reis erfand 1861 den „Ferntöner". Damit gelang ihm zum ersten Mal die Übertragung der menschlichen Stimme.
- „Das Pferd frisst keinen Gurkensalat" – so lautete der erste Satz, den Philipp Reis durch den Ferntöner sprach!
- Das erste brauchbare Telefon erfand 15 Jahre später Alexander Graham Bell.

Stille Post – einmal anders

Alle MitspielerInnen stellen sich in einer Reihe hintereinander auf. Die oder der Letzte schreibt mit dem Finger ein Wort auf den Rücken des Kindes vor ihr oder ihm. Dieses schreibt es – so wie es das Wort verstanden hat – auf den Rücken des Kindes vor ihr ihm. Das geht so weiter, bis zum vordersten Kind, das nun das Wort, das es gespürt hat, laut verkündet. Ist es dasselbe, das die oder der Letzte in der Reihe sich ausgedacht hat?

Das Spiel funktioniert auch zu zweit! Dabei sollte das Wort aber etwas länger sein, damit das Raten schwieriger wird.

TRAUMHAUS

Text: Edith Thabet / Musik: Franz Moser

1. Auf einer Wolke schwebt mein Haus, manchmal tanzt es mit dem Wind. Im Garten spielt das Katzenkind friedlich mit der kleinen Maus.
Ref.: So ein Traumhaus, das ist wirklich fein, in mein Traumhaus lad ich alle ein. So ein Traumhaus, das ist wirklich fein, in mein Traumhaus lad ich alle ein.

2. Aus Riesenmuscheln ist das Dach.
   Türme hat es wie ein Schloss.
   Vorm Tor erwartet mich ein Ross.
   Wenns nicht schläft, dann macht es Krach.
Ref.: So ein Traumhaus ...

WOHNEN

- Nomaden haben keinen festen Wohnsitz. Sie ziehen mit ihren Viehherden von einem Weideplatz zum nächsten.
- Beduinen heißen die Nomaden in arabischen Ländern.
- In der Altsteinzeit waren alle unserer Vorfahren Nomaden.
- In der Jungsteinzeit, als die Menschen begannen, Felder zu bebauen und Vieh zu züchten, errichteten sie Häuser aus Holz oder Lehm.
- Die größte Burg der Welt ist der Hradschin in Prag.
- Der größte Palast ist der des Kaisers von China in Beijing (früher: Peking).

So viele Häuser ...

... stehen in diesem Dorf. Aber nur zwei davon sehen genau gleich aus. Findest du sie?

Mein Körper ist was Tolles!

Text: Edith Thabet / Musik: Franz Moser

1. Mein Körper ist was Tolles, das Wunder wirken kann. Denn oben, unten, rechts und links ist vieles drum und dran, denn oben, unten, rechts und links ist vieles drum und dran. *Fine*

Hab Augen wie ein Adler und Ohren wie ein Luchs. Im Oberstübchen denk ich, bin schlauer als ein Fuchs. *Da Capo al Fine*

2. Ich rieche mit der Nase
und fühle mit der Haut.
||: Der Spiegel, der bestätigt mir:
ich bin doch gut gebaut! :||
Was meine Zähne kauen,
das landet bald im Bauch.
Die Lunge saugt die Luft ein,
die ich zum Atmen brauch.

3. Mein Mund ist da zum Sprechen
und Singen, Tag für Tag.
||: Mit meinen Beinen laufe ich,
wohin ich gerne mag. :||
Ich habe auch zwei Hände
zum Fühlen und Berühr'n.
Und streck ich sie zu dir aus,
kann ich dich sehr gut spür'n.

4. Mein Herz, das ist der Motor.
   Es schlägt und schlägt in mir.
   ||: Doch wenn mir jemand **sein** Herz schenkt,
   geb ich ihm meins dafür! :||
   Mein Körper ist was Tolles,
   das Wunder wirken kann.
   Denn oben, unten, rechts, links
   ist vieles drum und dran.

5. = 1. Strophe bis „Fine"

DER KÖRPER DES MENSCHEN

- ☺ Er besteht zu zwei Dritteln aus Wasser, das sind z. B. bei jemandem, der 60 kg wiegt, 40 kg Wasser!
- ☺ Die ersten aufrecht gehenden Menschen lebten vor 1,6 Millionen Jahren. Sie kannten bereits das Feuer, Speere aus Holz und Werkzeuge aus Stein.
- ☺ Die Wirbelsäule besteht aus 24 Wirbeln. Alle Säugetiere besitzen genau so viele – egal ob Elefant oder Maus!
- ☺ Das hilft gegen Kopfschmerzen: Drücke mit dem Zeigefinger auf die leicht vertiefte Stelle lt. Skizze. Spürst du, wie die Kopfschmerzen nach draußen drängen? Mehrmals wiederholen!

Optische Täuschungen

Unsere Sinne leisten viel, aber manchmal täuschen sie uns auch, so wie hier:

Diese beiden Mädchen sind gleich groß!

Die senkrechten Stäbe sind ganz gerade!

Die Grundflächen der beiden Gefäße sind gleich lang!

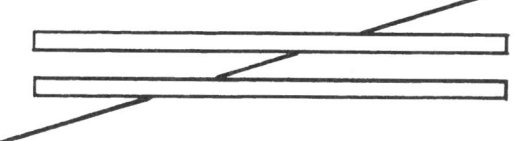

Der Draht hinter den Balken ist nicht gebrochen!

Der Landwirt

Text: Edith Thabet / Musik: Franz Moser

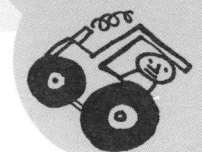

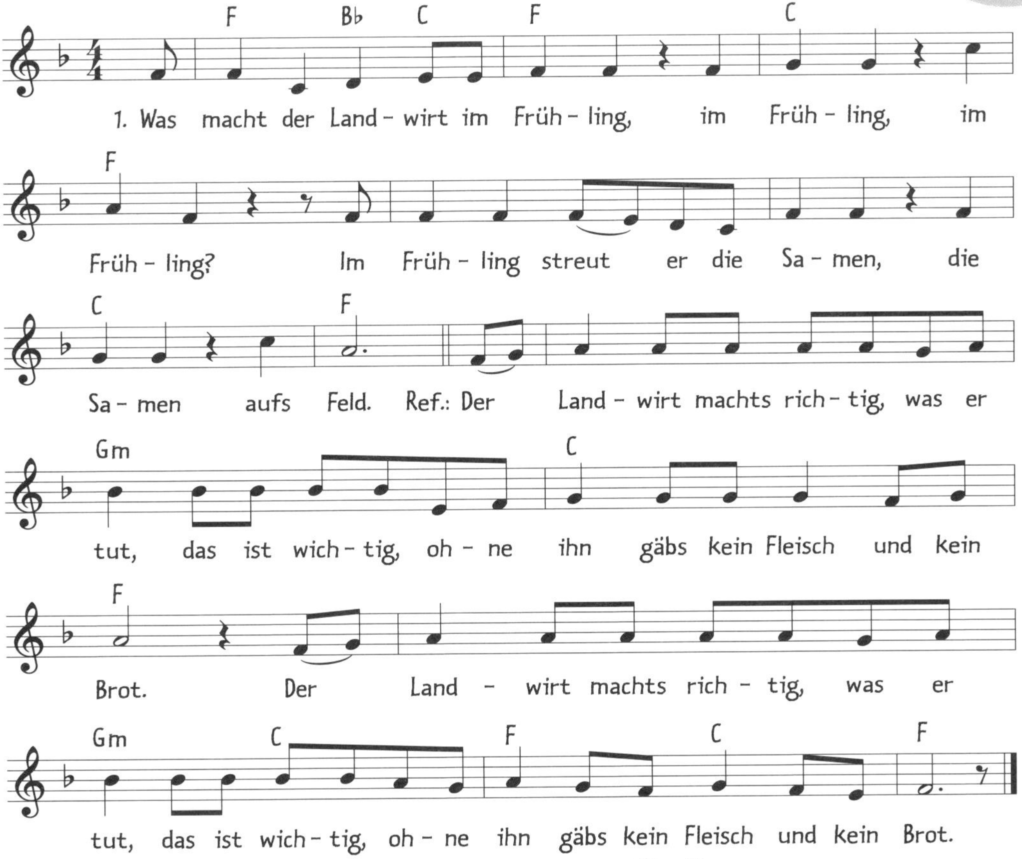
F Bb C F C
1. Was macht der Land - wirt im Früh - ling, im Früh - ling, im
F
Früh - ling? Im Früh - ling streut er die Sa - men, die
C F
Sa - men aufs Feld. Ref.: Der Land - wirt machts rich - tig, was er
Gm C
tut, das ist wich - tig, oh - ne ihn gäbs kein Fleisch und kein
F
Brot. Der Land - wirt machts rich - tig, was er
Gm C F C F
tut, das ist wich - tig, oh - ne ihn gäbs kein Fleisch und kein Brot.

12

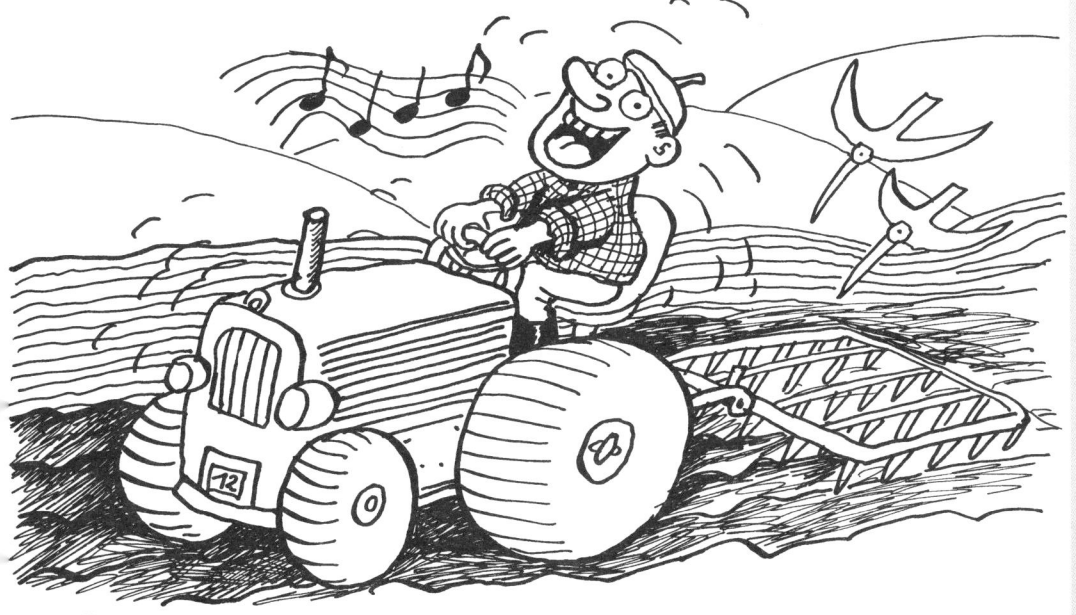

2. Was macht der Landwirt
   im Sommer, im Sommer, im Sommer?
   Im Sommer holt er
   das Heu, ja, das Heu in die Scheun'.
   Ref.: Der Landwirt ...

3. Was macht der Landwirt
   zur Herbstzeit, zur Herbstzeit,
   zur Herbstzeit?
   Zur Herbstzeit bringt er
   die Ernte, die Kornernte ein.
   Ref.: Der Landwirt ...

4. Was macht der Landwirt
   im Winter, im Winter, im Winter?
   Im Winter werkt er
   im Haus, ja, im Haus und im Hof.
   Ref.: Der Landwirt ...

Dichte noch weitere Strophen dazu. So könnten sie beginnen:
Was macht der Landwirt am Morgen, am Morgen ... (zu Mittag, am Abend ...)?
Was macht der Landwirt am Montag, am Montag ... (am Dienstag, am Mittwoch ...)?

Du hast sicher bemerkt, dass es in diesem Lied nur zwei Reimwörter im Refrain gibt, die immer wieder kehren. Du brauchst dich also mit dem Reimen nicht abplagen. Aber die Silbenanzahl sollte stimmen!

_____

_____

_____

_____

_____

_____

LANDWIRTSCHAFT

- Rad und Pflug waren die beiden wichtigsten Erfindungen der Steinzeit.
- Das erste Haustier war der Hund. Er stammt vom Wolf und vom Schakal ab.
- Kartoffeln und Mais wurden ursprünglich nur im heutigen Chile und Peru (Südamerika) angebaut und kamen erst vor rund 500 Jahren nach Europa.
- Die wichtigste Getreidesorte in Afrika ist Hirse, in Asien ist es der Reis.
- Die alten Ägypter bauten schon vor 6000 Jahren den „Kamut" an. Das ist ein Vorläufer unseres Weizens.

Mini-Garten am Fensterbrett

Du brauchst: 2 Töpfe (oben ca. 15 cm Durchmesser)
1 kleiner Sack Blumenerde (eventuell mit etwas Sand vermischt)
1 Zwiebel
3 Knoblauchzehen (sollten schon zu keimen beginnen)

So gehts:
Fülle die beiden Töpfe mit Erde. Pflanze die Zwiebel in einen Topf, die drei Knoblauchzehen in den anderen. Die Keime zeigen nach oben. Gib noch eine Schicht Erde – ca. 2 cm hoch – darüber.
Stelle die Töpfe aufs Fensterbrett und gieße sie täglich – aber nur wenig!
Nach einigen Wochen sind die Triebe so lang, dass du sie abschneiden kannst. Das schadet den Pflanzen nicht, sie wachsen weiter und bekommen auch noch neue Triebe.
Schneide die Triebe in feine Ringe und streue sie aufs Butterbrot.
Guten Appetit!

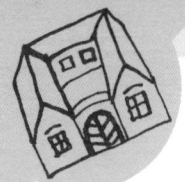

Am Bauernhof

Text: Edith Thabet / Musik: Franz Moser

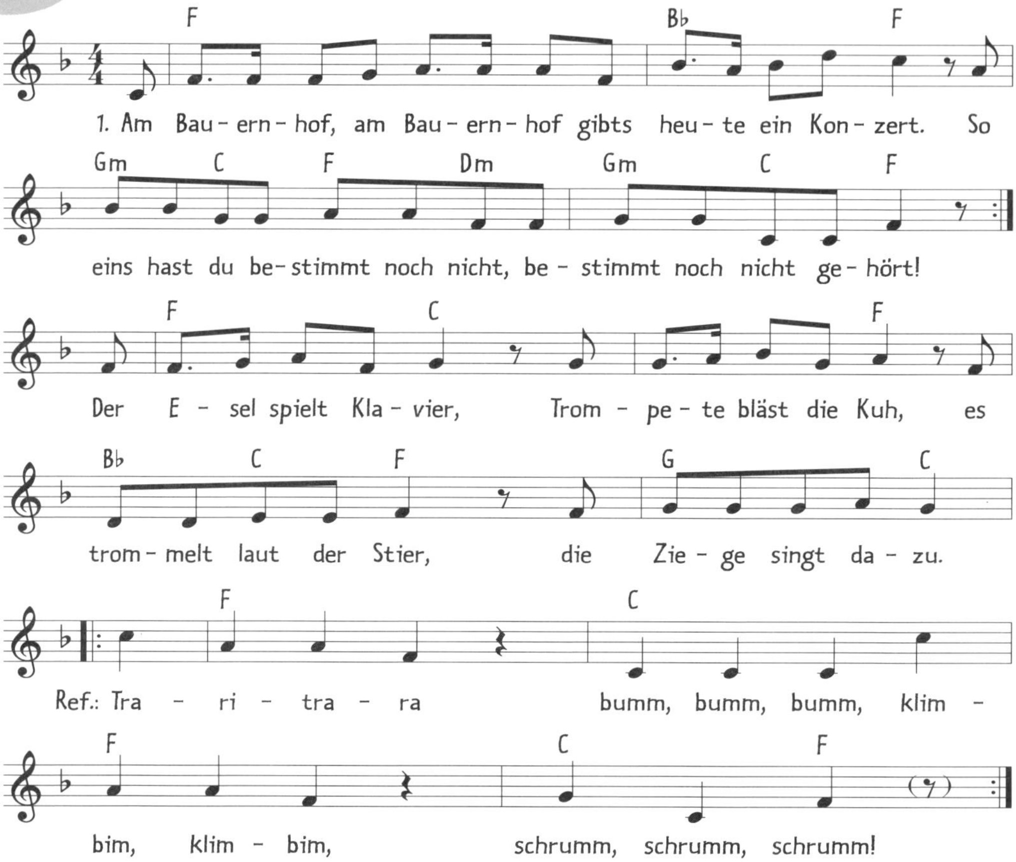

F Bb F
1. Am Bau-ern-hof, am Bau-ern-hof gibts heu-te ein Kon-zert. So
Gm C F Dm Gm C F
eins hast du be-stimmt noch nicht, be-stimmt noch nicht ge-hört!
F C F
Der E-sel spielt Kla-vier, Trom-pe-te bläst die Kuh, es
Bb C F G C
trom-melt laut der Stier, die Zie-ge singt da-zu.
F C
Ref.: Tra-ri-tra-ra bumm, bumm, bumm, klim-
F C F
bim, klim-bim, schrumm, schrumm, schrumm!

2. Am Bauernhof gibts heute ein Konzert.
So eins hast du bestimmt noch nicht, bestimmt noch nicht gehört!
Der Hund, der zupft am Bass,
Gitarre spielt die Maus.
Dem Schwein macht Flöten Spaß,
der Hahn geigt vor dem Haus.

Ref.: Trari-trara ...

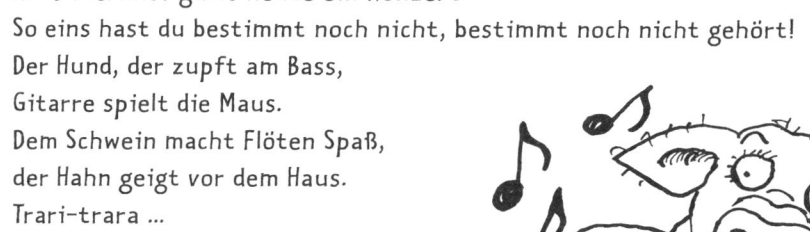

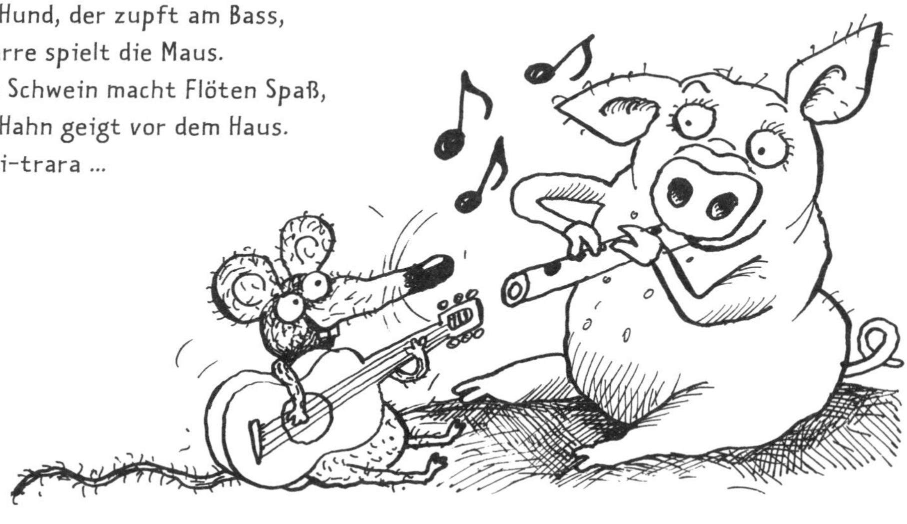

TIERE AUF DEM BAUERNHOF

- Hunde haben einen sehr feinen Geruchssinn. Ein Schäferhund wittert zum Beispiel einen Fuchs, der sich dem Hühnerstall nähert, noch bevor er ihn sieht.
- Katzen können auch im Dunkeln noch gut sehen – das hilft bei der Mäusejagd.
- Wenn ein Stier mit den Hufen scharrt und zu brüllen beginnt, heißt das: „Achtung, ich bin in Angriffsstimmung!"
- Eine Kuh gibt im Jahr rund 6000 Liter Milch.
- Ziegen können gut klettern. Schnee und Kälte machen ihnen nichts aus.
- Beim Schaf ist das Gebiss erst im 5. Lebensjahr vollständig ausgebildet. Im 10. Lebensjahr fallen die ersten Zähne schon wieder aus.
- Das Hauspferd stammt vom Urpferd ab. Es lebte vor 60 Millionen Jahren und war nur 60 cm hoch!
- Wenn Schweine sich im Schlamm suhlen, schützen sie sich vor Ungeziefer.
- Hühner „baden" aus demselben Grund gerne in staubigem Sand.

Bauernhof aus Salzteig

Du brauchst: je 2 Tassen Mehl und Salz
1 Tasse Wasser
Nudelholz, Stricknadel
Deckfarben

So wirds gemacht:
Verknete Mehl, Salz und Wasser zu einem Teig. Rolle ihn ca. 1 cm hoch aus und schneide verschiedene Formen aus: Ein Bauernhaus, Bäume, Tiere ... Du kannst die Formen aber auch mit der Hand kneten. Sie sollten aber auf der Rückseite flach sein, damit du sie an eine Wand oder Pinnwand hängen kannst. Bohre deshalb auch mit der Stricknadel ein Loch in jede Figur.

Lasse die Figuren entweder über Nacht in der Nähe der Heizung trocknen oder im Backofen bei 100 °C ca. 3 Stunden lang. Danach kannst du sie bemalen und aufhängen.

Umwelt-Lied

Text: Edith Thabet / Musik: Franz Moser

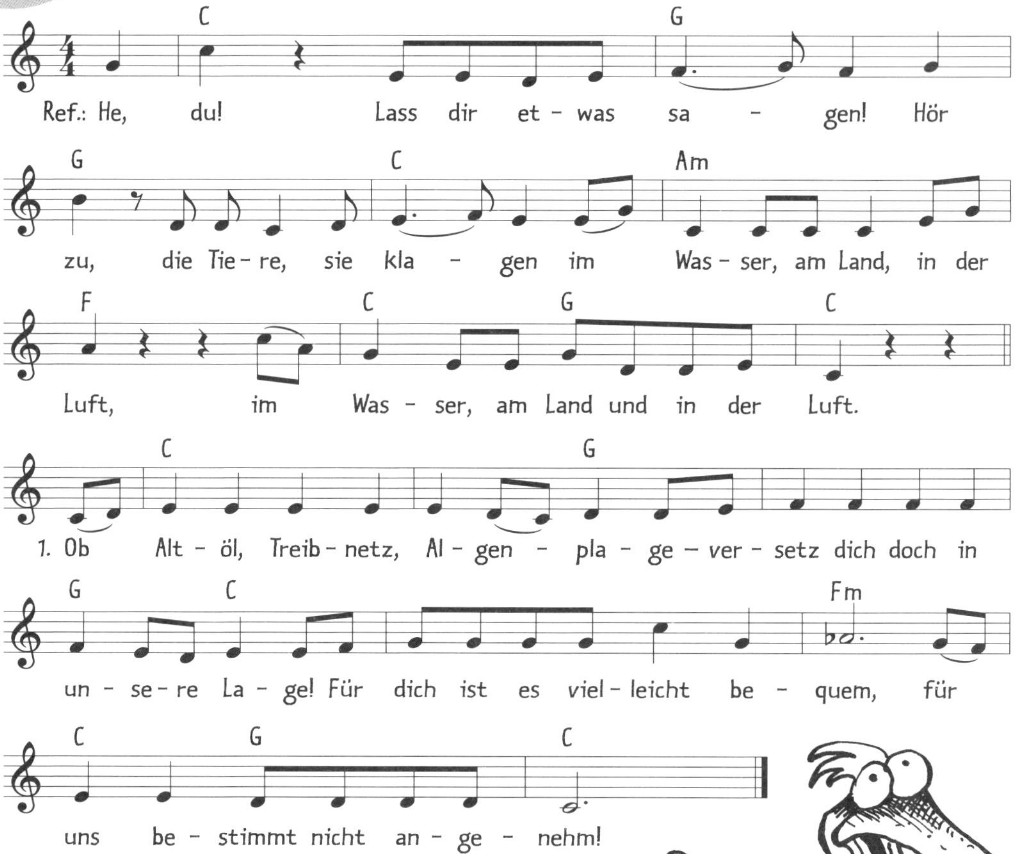

Ref.: He, du! Lass dir et-was sa-gen! Hör zu, die Tie-re, sie kla-gen im Was-ser, am Land, in der Luft, im Was-ser, am Land und in der Luft.

1. Ob Alt-öl, Treib-netz, Al-gen-pla-ge – ver-setz dich doch in un-se-re La-ge! Für dich ist es viel-leicht be-quem, für uns be-stimmt nicht an-ge-nehm!

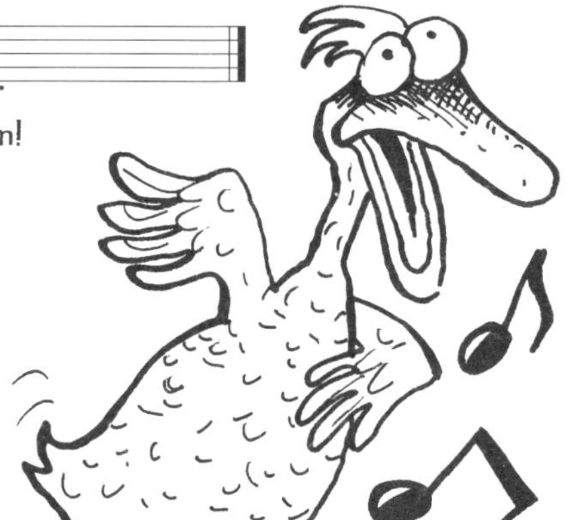

2. Auch Giftmüll, Dünger, saurer Regen –
sie bringen uns wohl keinen Segen.
Drum denk an uns und auch an dich
und sei kein Umwelt-Wüterich!

Ref.: He, du! ...

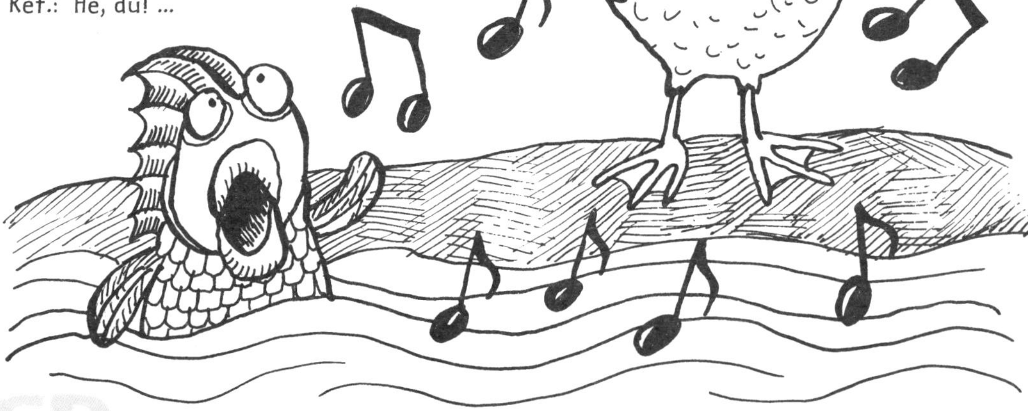

UMWELT

- Die Erde ist von einer Ozonschicht umgeben. Sie hält die schädlichen ultravioletten (= UV-) Strahlen ab.
- Die Kraft des Windes als Energiequelle wird schon seit langem genützt: durch Windmühlen und Segelschiffe.
- Vor langer Zeit war die Sahara noch keine Wüste. Es gab hier einen Urwald, in dem Dinosaurier lebten. Funde von versteinerten Bäumen (mit mehr als 20 m Durchmesser!) und Saurierknochen beweisen es.
- Von den 2500 Früchten des Regenwaldes sind nur 15 Arten auch bei uns bekannt. Zum Beispiel: Bananen, Ananas, Grapefruits …
- Jedes Jahr sterben 26000 Tier- und Pflanzenarten aus.

Der Fleck ist weg – ganz ohne Chemie!

Fruchtsaft: Wenn der Fleck noch frisch ist, kannst du ihn mit lauwarmem Wasser entfernen.
Alte Flecken: Befeuchten, mit Salz bestreuen, ca. 1 Stunde einwirken lassen. Danach mit Kernseife auswaschen.

Kakao: Mit Kernseife einreiben, ca. 1 Stunde einwirken lassen, in heißes Wasser legen und auswaschen.

Kugelschreiber oder Filzstift:
Mit Zitronensaft beträufeln, fünf Minuten einwirken lassen, dann mit einem sauberen Tuch oder einem Waschhandschuh ausreiben.

Obst: Möglichst sofort entfernen! Mit Zitronensaft beträufeln, fünf Minuten einwirken lassen und mit heißem Wasser auswaschen.
Bei Kunstfaser darf das Wasser nur lauwarm sein.

Senf: Ein wenig fein gehackte rohe Zwiebel auf den Fleck legen, bis er verschwunden ist.

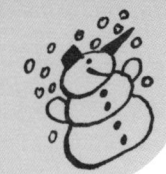

Es war einmal ein Schneemann

Text: Edith Thabet / Musik: Franz Moser

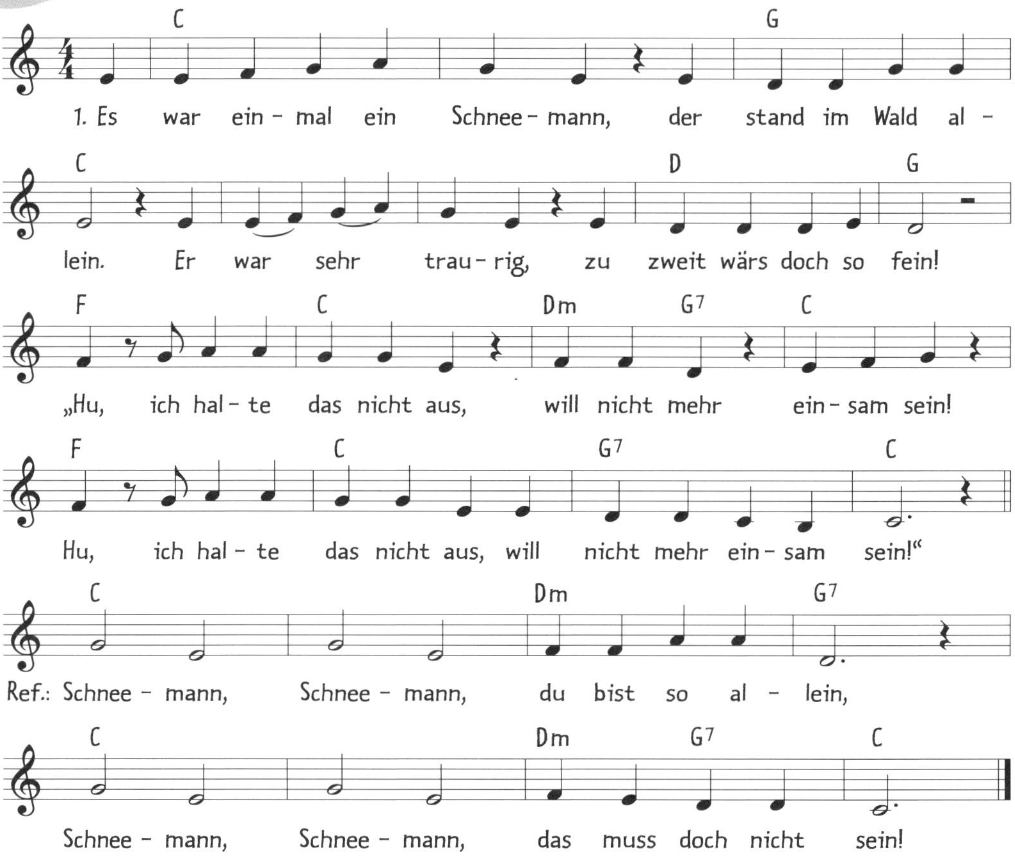
C G
1. Es war ein - mal ein Schnee - mann, der stand im Wald al -
C D G
lein. Er war sehr trau - rig, zu zweit wärs doch so fein!
F C Dm G7 C
„Hu, ich hal - te das nicht aus, will nicht mehr ein - sam sein!
F C G7 C
Hu, ich hal - te das nicht aus, will nicht mehr ein - sam sein!“
C Dm G7
Ref.: Schnee - mann, Schnee - mann, du bist so al - lein,
C Dm G7 C
Schnee - mann, Schnee - mann, das muss doch nicht sein!

2. Es kam auch bald ein Fräulein
aus Schnee, ganz zart und rund.
Es war so prächtig,
und freut sich mächtig,
||: lief entzückt zum Schneemann hin
küsst ihn auf seinen Mund. :||

Ref: Schneemann, Schneemann,
bist nicht mehr allein,
Schneemann, Schneemann,
ja so soll es sein!

3. Vor Liebe schmolzen beide
zu Wasser, hell und klar.
Das war entsetzlich,
ging furchtbar plötzlich.
||: Und wenns nicht gelogen ist,
so ist es wirklich wahr. :||

Ref: Schneemann, Schneefrau,
das ist gar nicht fein.
Schneemann, Schneefrau,
lasst das Küssen sein!

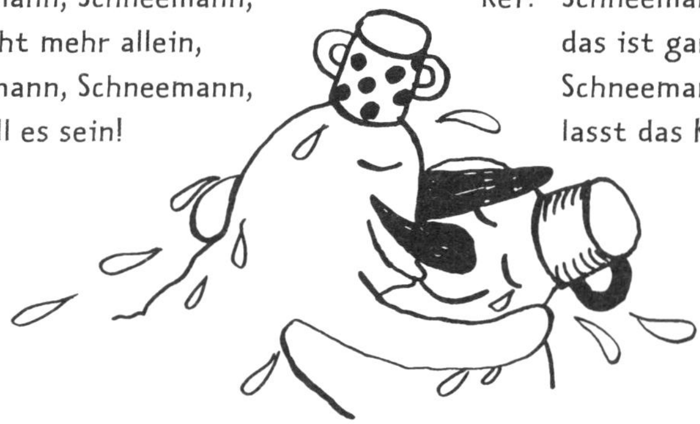

SCHNEE

- ☺ Schnee entsteht, wenn Regentropfen durch eine sehr kalte Luftschicht fallen und dabei zu Eis gefrieren.
- ☺ Alle Schneeflocken sind sechsseitige Eiskristalle – aber keine einzige Schneeflocke gleicht der anderen!
- ☺ Der meiste Schnee fällt, wenn die Lufttemperatur um null Grad beträgt. Wenn es wesentlich kälter ist, ist die Luft nicht feucht genug und es können sich keine Niederschläge bilden.
- ☺ Ein Iglu besteht aus Schneeblöcken, die wie Ziegel übereinander geschichtet werden. Oben in der Kuppel sorgen zwei Löcher für Belüftung. Sonst würde man im Iglu ersticken!
- ☺ Am Nordpol und am Südpol ist die Sonne am weitesten von der Erde entfernt. Deshalb gibt es dort das ganze Jahr über Schnee und Eis.

Schneekugel

Du brauchst: 1 kleines Glas mit Schraubdeckel
1 kleine Plastikfigur
1 nussgroßes Stück Knetmasse oder wasserfesten Klebstoff
etwas Flitter (aus dem Bastelgeschäft)
Wasser

- Klebe die Plastikfigur mit der Knetmasse oder dem Klebstoff auf die Innenseite des Deckels.
- Fülle das Glas fast bis zum oberen Rand mit Wasser – ganz wenig Luft soll aber noch darin bleiben.
- Gib den Flitter dazu.
- Schraube den Deckel mit der Figur darauf. Aber Achtung: Das Glas muss sehr gut verschlossen sein, damit das Wasser nicht ausrinnt!
- Dreh das Glas um und schüttle es vorsichtig.

DER MÜLLMANN KOMMT

Text: Edith Thabet / Musik: Franz Moser

1. Ap-fel-scha-len, Be-cher, Do-sen, Glä-ser, De-ckel und noch mehr,
Plas-tik-löf-fel, Le-der-ho-sen – wo kommt so viel Müll nur her?

Ref.: Kei-ne Angst, der Müll-mann kommt, wird den Müll weg-tra-gen. Al-les ha-ben wir sor-tiert, drum gibts kei-ne Kla-gen! Al-les ha-ben wir sor-tiert, drum gibts kei-ne Kla-gen!

2. Zeitungsseiten, Einkaufstüten,
Hundehaare, Gummiring,
Bleistiftspitzer, alte Hüte
und noch manches andre Ding.

Ref: Keine Angst, der Müllmann ...

MÜLL

- Die Müllkippe ist für viele Kleinstlebewesen ein idealer Lebensraum. Bakterien, Algen, Pilze und kleine Insekten siedeln sich dort gerne an. Sie sind es auch, die den Biomüll in wertvollen Humus verwandeln.
- Andere Tiere betrachten die Müllkippe als Restaurant, das Abwechslung auf ihren Speiseplan bringt. So sind Katzen, Mäuse, Ratten, Wildschweine, Möwen, Krähen und Greifvögel dort anzutreffen.
- Sogar im Weltraum wird der Müll langsam zum Problem: Zahlreiche Raketenteile, alte Satelliten und Werkzeuge, die Astronauten beim Reparieren verloren haben, rasen um die Erde. Mit Geschwindigkeiten bis zu 50000 Kilometern in der Stunde! Die europäische Raumfahrtagentur ESA warnt mit einer eigenen „Müllvorhersage", damit bemannte Raumfahrzeuge und steuerbare Satelliten rechtzeitig ausweichen können!

In diesem Müllberg befinden sich ein Teddybär, eine Gießkanne, eine Schlagbohrmaschine, ein Staubsauger und eine Gitarre.
Entdeckst du sie? Male sie bunt an!

Wenn die Feuerwehr nicht wär

Text: Edith Thabet / Musik: Franz Moser

1. Zwischen Flammen, qualmt der Rauch – tatü, tatü, tatü, – ist die Feuerwehr zur Stell. Tatü, tatü, tatü! Mit der Leiter und dem Schlauch löscht sie jedes Feuer schnell.

Ref.: Was wär, was wär, wenn die Feuerwehr nicht wär? Tatü, tatü, tatü, tata! Was wär, was wär, wenn die Feuerwehr nicht wär? Tatü, tatü, tatü-tü-tü! Doch zum Glück ist sie da, doch zum Glück ist sie da, doch zum Glück, zum Glück ist sie da!

2. Steigt der Fluss aus seinem Bett, rinnt viel Wasser in das Haus. Doch die Feuerwehr ist nett, pumpt die Keller wieder aus.
Ref: Was wär, ja was wär …

FEUER

- Wann genau unsere Vorfahren das Feuermachen entdeckt haben, ist unbekannt. Aber immerhin wissen wir, w i e sie Feuer gemacht haben: Entweder haben sie mit zwei Feuersteinen Funken geschlagen oder einen weichen, zugespitzten Holzstab auf einem harten Baumstamm durch schnelles Drehen zum Schwelen gebracht.
- Die Erde ist im Inneren flüssig, bei Temperaturen von 5000 Grad Celsius.
- Vulkane sind Öffnungen in der Erdkruste, durch die flüssige Erdmasse ("Magma") explosionsartig herausgeschleudert werden kann.
- Die Feuerwehr löscht nicht nur Brände, sondern ist auch nach Explosionen, Hochwasser, Erdbeben und anderen Katastrophen im Einsatz.

Du brauchst: 1 kleine Geburtstagstortenkerze
1 Blumentopf aus Ton, mit Erde gefüllt
Streichhölzer
1 Trinkglas

Stecke die Kerze in die Erde des Blumentopfs, zünde sie mit einem Streichholz an Stülpe das Trinkglas darüber. Was passiert?

Antwort: Richtig, die Flamme verlöscht. Feuer braucht nämlich Sauerstoff zum Brennen. Ist der vorhandene Sauerstoff in der Luft aufgebraucht, geht es aus. Deshalb kann man auch ein kleines Feuer mit einer Decke ersticken.

LIED EINER BLUME

Text: Edith Thabet / Musik: Franz Moser

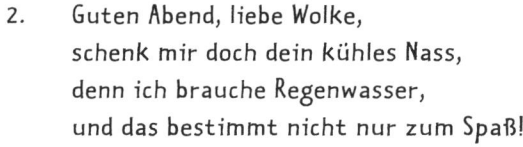

1. Gu-ten Morgen, liebe Sonne, sei so nett und schein mich an, denn ich brau-che Licht und Wärme, damit ich kräftig wachsen kann!

Ref.: Sonne, Sonne, ja viel Sonne, das tut wirklich gut, Sonne, Sonne, ja viel Sonne, das tut gut, so gut!

2. Guten Abend, liebe Wolke,
schenk mir doch dein kühles Nass,
denn ich brauche Regenwasser,
und das bestimmt nicht nur zum Spaß!

Ref: Regen, Regen, ja viel Regen,
der tut wirklich gut,
Regen, Regen, ja viel Regen,
der tut gut, so gut!

PFLANZEN BRAUCHEN LICHT

- Pflanzen leben von Luft, Wasser und Sonnenlicht. Luft atmen sie mit den Blättern ein, Wasser saugen sie mit den Wurzeln aus dem Boden.
- Die Luft besteht teilweise aus Kohlendioxyd. Aus diesem Gas und mit Hilfe des grünen Farbstoffes Chlorophyll, der sich in ihren Blättern befindet, bildet die Pflanze ihren wichtigsten Nährstoff: Zucker.
- Dazu braucht die Pflanze unbedingt Sonnenlicht.
- Bei dieser Umwandlung entsteht außer Zucker noch etwas: Sauerstoff. Pflanzen können damit nichts anfangen und geben ihn wieder ab. Alle anderen Lebewesen – auch wir Menschen! – könnten ohne Sauerstoff gar nicht leben!
- Daher ist es auch so wichtig, dass die größte „Sauerstofffabrik" der Erde, der Regenwald, erhalten bleibt!

Blatt auf Blatt

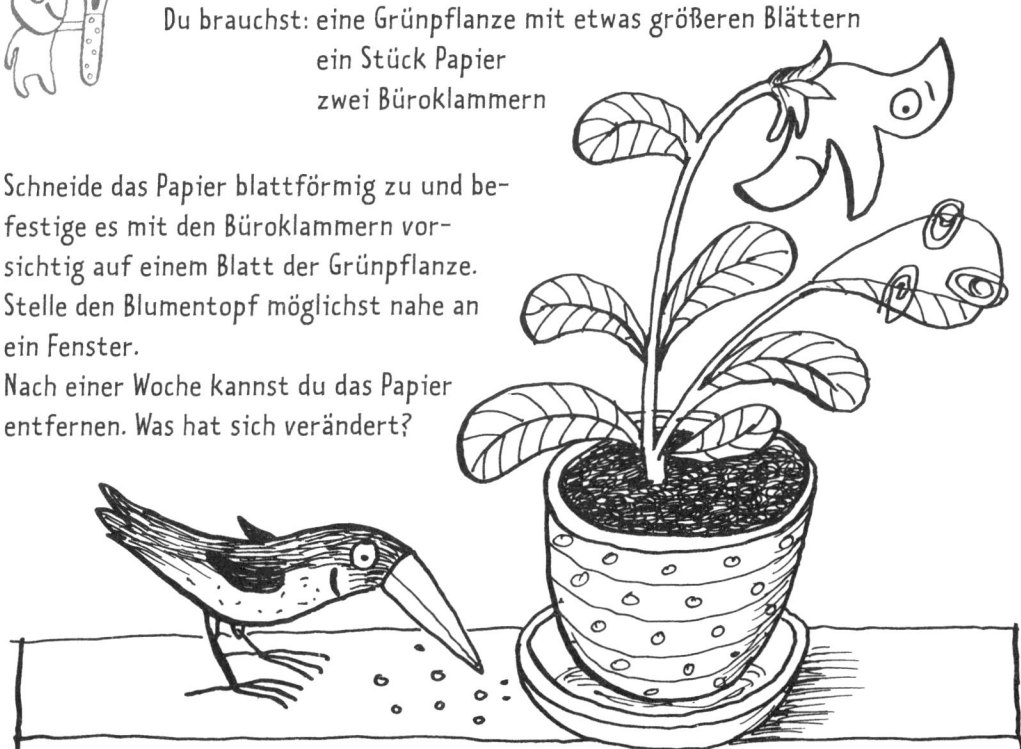

Du brauchst: eine Grünpflanze mit etwas größeren Blättern
ein Stück Papier
zwei Büroklammern

Schneide das Papier blattförmig zu und befestige es mit den Büroklammern vorsichtig auf einem Blatt der Grünpflanze. Stelle den Blumentopf möglichst nahe an ein Fenster.
Nach einer Woche kannst du das Papier entfernen. Was hat sich verändert?

Antwort: Dort, wo das Blatt aus Papier war, zeigt sich nun ein heller Fleck. An Stellen, auf die kein Licht trifft, bildet die Pflanze den grünen Farbstoff Chlorophyll nicht.

Ritter Grauslibert

Text: Edith Thabet / Musik: Franz Moser

1. Sag, kennst du die Geschichte vom Ritter Grauslibert?
Alles, was er anpackte, das lief total verkehrt.
Auch war der gute Ritter als wasserscheu bekannt:
Wusch sich nur einmal jährlich, ist das nicht allerhand?

Ref.: Grauslibert, ach Grauslibert, was ist nur mit dir los?
Grauslibert, ach Grauslibert, warum machst du das bloß?
O, du lieber Grauslibert, Grauslibert, Grauslibert,
o, du lieber Grauslibert, was ist nur mit dir los?

2. Einst lud zum großen Feste der Ritter Grauslibert.
Da kam auch ein Drache und – er war total verstört.
Wie schimmeliger Käse, so roch der Rittersmann.
Panisch floh der Drache, kein Mensch sah ihn fortan.

Ref.: Grauslibert, ach Grauslibert …

RITTER

- Die Söhne von Rittern mussten nicht nur reiten und kämpfen lernen, sondern auch „höfisches Betragen". Das Wort "Höflichkeit" erinnert heute noch daran.
- In Turnieren (Kampfspiele im Rahmen eines Festes) konnten sie ihre Geschicklichkeit beweisen.
- Auf Schreiben und Lesen wurde weniger Wert gelegt – viele Ritter waren Analphabeten, konnten also weder lesen noch schreiben.
- Es gab zwar Klosterschulen, aber sie waren sehr kostspielig. Die Mönche verlangten Grundstücke als „Schulgeld".
- Die Töchter der Ritter erlernten daheim Handarbeiten wie Spinnen und Nähen.
- Im Alter von 12 Jahren kamen die zukünftigen Ritter als Knappen an andere Höfe.

Gruselburg

Du brauchst: 4 Papprollen
1 Schuhkarton
Schere, Filzstifte

- Schneide bei jeder Ecke rechts und links die Schachtel von oben bis zur Hälfte ein und die Rollen an den passenden Stellen gleich lang von unten. (Stelle vorher die Papprolle oben darauf und markiere am Schachtelrand die Stellen, wo die Schlitze hingehören.
- Schneide an den vier „Mauern" Zinnen aus.
- Zeichne mit Filzstiften Tore und Fenster ein. Male auch Fledermäuse und lustige Gespenster darauf!
- Stecke die Papprollen als Türme in die Schlitze.

Schmetterling und Tausendfüßler

Text: Edith Thabet / Musik: Franz Moser

1. Eine gelb gefleckte Raupe, eine gelb gefleckte Raupe,
   eine gelb gefleckte Raupe sitzt auf einem Nesselblatt,
   sitzt auf einem Nesselblatt, sitzt auf einem Nesselblatt.
   „Schäm dich!", ruft ein Tausendfüßler. „Bist so dick und noch nicht satt!"
   „Schäm dich!", ruft ein Tausendfüßler. „Bist so dick und noch nicht satt!"
   Ref.: Hi-hi-hi, ho-ho-ho, Gott sei Dank bin ich nicht so!
   Hi-hi-hi, ho-ho-ho, Gott sei Dank bin ich nicht so!

2. Doch die Raupe kümmerts wenig (3x),
   sie verpuppt sich und bleibt stumm. (3x)
   „Schäm dich!", ruft der Tausendfüßler.
   „Bist so blass und dürr und krumm!" (2x)
   Ref: „Hihihi, hohoho, ..."

3. Eines Tages bricht die Hülle (3x)
   und der Falter fliegt heraus. (3x)
   Staunend siehts der Tausendfüßler,
   läuft beschämt und still nach Haus. (2x)
   Ref: Kein Hihi, kein Hoho,
   nur der Schmetterling tanzt froh. (2x)

SCHMETTERLINGE

- Schmetterlinge haben – so wie alle anderen der über 1 Million verschiedenen Insektenarten – kein Skelett.
- Auf den Flügeln sind viele winzig kleine Farbschuppen lose übereinander angeordnet, ähnlich wie Dachziegel.
- Die kreisrunden Flecken mancher Schmetterlinge (z. B. Tagpfauenauge, Schwalbenschwanz, Totenkopf) dienen zur Abschreckung: Ihre Feinde glauben, dass die Schmetterlinge sie anstarren, und trauen sich nicht, sie anzugreifen.
- Raupen sehen sehr schlecht. Sie können nur hell und dunkel unterscheiden.

Insekten-Quiz:

Notiere den Buchstaben hinter der Antwort, die du für richtig hältst. Aneinander gereiht ergeben sie den Namen einer Insektenart, die in der Urzeit rund 30 cm groß war.

1) Wie heißt der größte Käfer, den es bei uns gibt? Bockkäfer (S), Borkenkäfer (Z) oder Hirschkäfer (L)?

2) Tagfalter können mit den Füßen nicht nur stehen, sondern auch ... summen (A), schmecken (I) oder riechen (E).

3) Wie heißen die männlichen Bienen? Drohnen (B), Hummeln (P) oder Schwärmer (D)?

4) Welche Insektenart baut Nester aus zerkautem Holz? Wespen (E), Ohrwürmer (R) oder Termiten (W)?

5) Wie heißt das Gespinst, in das sich die Raupen einwickeln, bevor sie sich verpuppen? Kokos (O), Krokus (T) oder Kokon (L)?

6) Was haben Fliegen an den Füßen, damit sie an der Decke laufen können? Einen klebrigen Saft (W), Haftballen (L) oder winzige Krallen (U)?

7) Wer zirpt bei den Heuschrecken? Das Männchen (E), das Weibchen (H) oder beide (N)?

1L, 2I, 3B, 4W, 5L, 6L, 7E

STUPS, DAS HASENKIND

Text: Edith Thabet / Musik: Franz Moser

1. Stups, das kleine Hasenkind, hoppelt in die Stadt geschwind. Bei der Kreuzung gibt Stups Acht, dass er keinen Fehler macht. Nach links – rechts – links, so schaut er, seinen Augen traut er.

Ref.: Stups, das hast du gut gemacht, drum wirst du auch nicht ausgelacht, Stups, das hast du gut gemacht, drum wirst du auch nicht ausgelacht.

2. Manchmal, wenn Stups Lust drauf hat,
   fährt er gerne mit dem Rad.
   Er hat Köpfchen und benützt
   einen Helm, der ihn gut schützt.
   Auch prüft der kluge Schlingel
   Bremsen, Licht und Klingel.

Ref: Stups, das hast du ...

STRASSENVERKEHR

- Wenn ein Zebrastreifen in der Nähe ist, benutze ihn auf jeden Fall, um die Staße zu überqueren.
- Prüfe selbst, ob die Straße frei ist, die du überqueren willst. Verlasse dich nicht auf andere. Auch Erwachsene verhalten sich nicht immer richtig im Straßenverkehr.
- Laufe nie zwischen zwei Autos vom Gehsteig auf die Fahrbahn. Die Autofahrer können dich nicht rechtzeitig sehen!
- Gehe auf der linken Seite, wenn eine Straße keinen Gehweg hat, damit du rechtzeitig siehst, wenn ein Auto kommt. So kannst du auch noch ausweichen, wenn es nötig ist.
- Wenn du aus dem Bus steigst, überquere die Straße nicht vor, sondern h i n t e r dem Bus. Noch besser ist es, wenn du wartest, bis der Bus wieder weitergefahren ist. Dann hast du nach beiden Seiten einen guten Ausblick auf die Straße.

So viele Autos!

Zwei dieser Autos passen nicht zu den übrigen. Weißt du, welche es sind und wodurch sie sich von den anderen unterscheiden?

Nur 2 Lastautos fahren nach rechts, alle anderen nach links.

Surf mit mir im Internet!

Text: Edith Thabet / Musik: Franz Moser

1. Surf mit mir im In-ter-net! Oh-ne Se-gel, oh-ne Brett,
hin und her, kreuz und quer, hin und her, kreuz und quer.
Nicht ein-mal der wei-ße Hai stört uns heut da-bei!

Ref.: Surf, surf, surf mit mir im In-ter-net! Surf mit mir von
A bis Z! Surf mit mir im In-ter-net,
das fänd ich be-son-ders nett. Surf, surf, surf,
surf, surf, surf von A bis Z!

2. Lass dich treiben – ganz bequem –
durch das Internet-System.
Hoch und tief,
grad und schief,
hoch und tief,
grad und schief.
Ja, das allergrößte Glück
ist der Mausklick!
Ref: Surf, surf …

COMPUTER

- „Computer" bedeutet „Rechner", von „compute" (englisch: berechnen).
- Computer können mehrere Aufgaben gleichzeitig erledigen, noch dazu viel, viel schneller als ein Mensch.
- Für jede Aufgabe benötigen sie aber ein Programm, das aus sehr vielen einzelnen Befehlen besteht.
- Auch Roboter werden von Computern gesteuert.
- Der erste Computer hieß „Colossus" und wurde 1943 in England fertig gestellt.

Diese beiden Bildschirme zeigen das gleiche Bild. Oder doch nicht? Schau genau hin und entdecke die fünf Unterschiede!

FLIEG, LUFTBALLON, FLIEG!

Text: Edith Thabet / Musik: Franz Moser

1. Ein Luftballon, ein Luftballon, der hält den Mond für seinen lieben großen Bruder, seinen lieben Bruder. Er reißt sich los, fliegt hoch hinauf. Ja, ganz genau das tut er!

Ref.: Flieg, flieg, Luftballon, flieg, flieg, Luftballon!

2. Der Luftballon, der Luftballon
   der steigt und steigt.
   Wann er am Ziel ist, willst du wissen?
   Das willst du jetzt wissen?
   Ich denke doch, das wirst du ihn
   schon selber fragen müssen!

Ref: Flieg, flieg, Luftballon …

LUFT

- Die Erde ist von Luft umgeben. Man nennt diese Luft „Atmosphäre". Nahe der Erdoberfläche ist die Luft wärmer und dichter als weiter weg.
- Die Luft ist ein Gemisch aus Gasen. Sie besteht hauptsächlich aus Stickstoff und Sauerstoff, aber auch aus Kohlendioxyd.
- Die Verschmutzung der Luft durch Abgase führt zum „Treibhauseffekt" (zu viel Kohlendioxyd in der Luft) und zur Vergrößerung des Ozonlochs über dem Südpol.
- Luftkissenboote fahren ü b e r der Wasserfläche. Sie berühren das Wasser nicht. Daher sind sie wesentlich schneller als gewöhnliche Boote.

Ballonflieger

Du brauchst: 1 Luftballon (aufgeblasen)
1 starken Wollfaden, ca. 50 cm lang
1 Pappbecher
Filzstifte

Male den Pappbecher bunt an.
Bohre vier Löcher in den Pappbecher
und ziehe die Schnur durch.
Befestige die Enden der Schnur unten
am Luftballon. Setze ein kleines
Stofftier in den Korb.

Ich bin ein Magnet

Text: Edith Thabet / Musik: Franz Moser

Seht, seht, seht! Seht, seht, seht! Ich bin ein Mag-net!
Sie/Er ist ein Mag-net! Seht, seht, seht! Seht, seht, seht!
Ich bin ein Mag-net! Sie/Er ist ein Mag-net!
Ich bin ein Mag-net! Sie/Er ist ein Mag-net!

1.x Solo
2.x Alle

Und schon klebt die/der x x dran, weil sie/er gar nicht an-ders kann!

Bei diesem Lied fassen einander alle Kinder an den Händen und bilden
einen Kreis, nur ein Kind steht außerhalb: Der erste „Magnet".
Die Kinder im Kreis gehen während des Liedes in eine Richtung,
das Kind bzw. ab der 2. Strophe die Kinder außerhalb des Kreises in die andere.
Beim Wort „klebt" bleiben alle stehen. Das Kind, das gerade der Magnet ist, setzt nun entweder
- den Namen des Kindes, neben dem es gerade steht oder
- den Namen irgendeines Kindes ein.
Das genannte Kind legt seine Hände auf die Schultern des ersten „Magneten" und geht
nun auch außerhalb des Kreises mit.
Bei jeder Strophe wird die Schlange außerhalb des Kreises größer.

Variante:

Wenn viele Kinder mitspielen, können sich - um Zeit zu sparen - zwei Kinder gleichzeitig anhängen. Die letzte Zeile müsste dann heißen: „... Und schon klebt ihr beide dran, und wir fangen wieder an!"
Eine weitere „Kurzvariante": Es werden nur die ersten vier Takte und die letzten vier Takte gesungen, die Wiederholungen entfallen.

MAGNETISMUS

- Die alten Griechen entdeckten Felsen, die Eisen anziehen. Sie nannten diese Art von Gestein „führender Stein" (Magnetit).
- Den Kompass, bei dem Magnetnadeln den magnetischen Nordpol anzeigen (er weicht ein wenig vom geografischen Nordpol ab), kannten die Chinesen schon vor 1000 Jahren.
- Eisenstücke, z. B. Reißnägel oder Büroklammern, werden durch die Berührung mit Magneten selbst magnetisch. Aber sie verlieren diese Eigenschaft mit der Zeit wieder, wenn man den Magneten entfernt.
- Die Erde als ganzes ist ein riesiger Magnet. Ihr Magnetfeld schützt uns vor schädlicher Strahlung aus dem Weltall.

Verwandle eine Stecknadel in eine Magnetnadel!

Du brauchst: eine kleine Schüssel mit Wasser
ein kleines flaches Stück Styropor oder Kork
eine Stecknadel
einen Magneten

Gib das Styroporstück ins Wasser. Streiche mit dem Magneten einige Male in derselben Richtung über die Stecknadel und lege sie vorsichtig auf das schwimmende Styroporstück. Sie dreht sich nach Norden, stimmts? Wenn der Magnet allerdings zu nahe liegt, kann es sein, dass die Drehung der Nadel dadurch gestört wird.

Alphabetisches Verzeichnis der Lieder bzw. Liedanfänge

Titel bzw. Liedanfang	Seite im Buch
Am Bauernhof	30
Apfelschalen, Becher, Dosen …	36
Auf der Wiese …	18
Auf einer Wolke …	22
Der Fisch brauchts …	6
Der Jaguar im Dschungel …	10
Der Landwirt	27
Der Müllmann kommt	36
Der Schuster, der …	12
Ein Luftballon …	50
Ein Postpaket	20
Ein Storch, der wollt …	8
Eine gelb gefleckte Raupe …	44
Es war einmal ein Schneemann	34
Flieg, Luftballon, flieg!	50
Guten Morgen, liebe Sonne …	40
He, du! …	32
He, was raschelt dort …	14
Ich bin ein Magnet	52
Ich hab Zeit!	10
Ich schicke dir …	20
In den Bäumen …	16
Lied einer Blume	40
Mein Körper ist was Tolles!	24
Meine Neugier macht mich schlau	4
Miteinander	8
Rasselprassel-Regenspaß	16
Ritter Grauslibert	42
Rösser, die die Nüstern …	4
Sag, kennst du …	42
Schmetterling und Tausendfüßler	44
Seht, seht, seht …	52
Stups, das Hasenkind	46
Surf mit mir im Internet	48
Traumhaus	22
Umwelt-Lied	32
Was ist auf der Wiese los?	18
Was macht der Landwirt …	27
Was raschelt da im Garten?	14
Wasser ist ganz unentbehrlich	6
Wenn die Feuerwehr nicht wär	38
Wer machts wie?	12
Zischen Flammen …	38

# Mit Freude **leichter** lernen!

Das Buch enthält erstmals veröffentlichte Kinderlieder und einige Hits, wie z. B. „Pippi Langstrumpf" und „Lalelu". Einige der neuen Lieder werden zusätzlich mit einfachen englischen Texten angeboten.

Moser, Franz
Saitenweise Kinderhits
48 Kinderlieder mit Begleitung und Tanzbeschreibungen
64 Seiten, 17 x 24 cm,
Spiralb., sw-Grafiken
ISBN 3-7058-5137-3
Doppel-CD: ISBN 3-7058-5241-8

24 neue Lieder mit einfachen englischen Texten und detaillierter didaktischer Aufbereitung. Die Texte entsprechen dem Alter und den Sprachkenntnissen der Kinder und orientieren sich an den vielfältigen Themen des Fremdsprachenunterrichts in der Grundschule.

Moser, Franz u. a.
Learn English – Just Sing!
Englisch lernen mit Liedern
für Kinder von 6–10 Jahren
72 Seiten, 21 x 29,7 cm,
Spiralb., sw-Grafiken
ISBN 3-7058-5395-3
Song-CD: ISBN 3-7058-5396-1
Lern-CD: ISBN 3-7058-0130-9

Spannenden Englischunterricht mit englischen Liedern und Landeskunde! Dieses Buch bietet eine Fülle von interessanten Texten und lustige Sprüche, Lieder, Spielvorschläge, Kochrezepte und mehr.
Und sie werden sehen:
Mit Bewegung und Aktion, beim Singen und Spielen lernt es sich einfach leichter!

Burtscher, Irmgard Maria
Popcorn, Sandwich, Pussycat
Englische Lieder und Landeskunde
für Kinder von 4 bis 11 Jahren
56 Seiten, 17 x 24 cm,
Spiralbindung, sw-Grafiken
ISBN 3-7058-5480-1

CD: ISBN 3-7058-5631-6

Dieser Band aus der miniMUMMM-Reihe enthält ein Sammelsurium an Ideen zur Sprachförderung. Die Inhalte des Lehrplans für die erste und zweite Klasse werden dabei „ganz nebenbei" und mit viel kindlichem Engagement aufgegriffen und erarbeitet.

Thabet, Edith
Und die Nichte der Geschichte … 1
Schreibwerkstatt im Klassenzimmer
Band 1 für Kinder von 6 bis 8 Jahren
96 Seiten, 21 x 29,7 cm
Spiralbindung, sw-Grafiken
ISBN 3-7058-5345-7

Diese praktischen Bücher können Sie gleich jetzt bestellen:
Rufen Sie einfach an, schicken Sie ein Fax oder ein E-Mail!
Tel. 0043/(0)732/77 64 51/280, Fax: 0043/(0)732/77 64 51/239
E-Mail: veritas@veritas.at
www.veritas.at